한국 최초의
여성 비행사
권기옥

한국 최초의 여성 비행사
권기옥

신혜경, 한민혁 글
김병하 그림

보리

인물 이야기

권기옥

1901년~1988년

1901년(1세)
평양에서 태어남.

1920년(20세)
상하이로 망명해
임시 정부에서 활동함.

1925년(25세)
최초의 조선인
여성 비행사가 됨.

1919년(19세)
삼일 운동에 참여했다
체포됨.

1923년(23세)
윈난 육군항공학교에
입학함.

1988년(88세)
세상을 떠남.

우리나라 최초의 여성 비행사 권기옥

권기옥은 독립운동에 일생을 바친 공군 전투기 조종사야.
'비행사가 되어 폭탄을 안고 일본으로 날아가겠다.'는
결심을 품고 전투기 조종사가 되었지.
1917년, 열여섯이던 권기옥은 미국인 비행사 아트 스미스가
자유롭게 하늘을 나는 모습을 보고 마음을 빼앗겨.
학창 시절 독립운동을 적극적으로 했던 권기옥은
나중에 대한민국 임시 정부의 추천을 받아
중국 항공학교에서 훈련을 받게 돼.
그리고 마침내 비행사가 되어 일본군에 맞서 싸웠지.
권기옥에게 비행사가 되는 일은
조선 여성에게 씐 속박의 굴레를 벗어나
자유를 찾아가는 길이었어.
또한 조국 독립을 앞당기는 방법이기도 했지.

권기옥은 1901년 평양에서 태어났어. 어릴 적 이름은 '갈례'였지. 갈례는 열한 살 때부터 은단 공장에 다녀야 했어. 아버지가 노름에 빠져서 재산을 모두 잃는 바람에 집안 살림을 도와야 했거든.

갈례는 교회 장학금을 받아 겨우 소학교에
들어갔고, 그때 이름을 '기옥'으로 바꿨어.

기옥은 소학교를 졸업한 뒤 숭의 여학교에 들어갔어.
숭의 여학교에는 민족의식이 강한 선생님이 많았는데
이곳 선생님의 권유로 기옥은 비밀 독립운동 단체인
'송죽회'에 가입해.

송죽회는 독립운동 자금을 모으거나, 다른 나라에서
활동하는 독립운동가의 식구를 돕는 일을 했어.

기옥은 송죽회에서 누구보다
앞장서서 활동하던 이였어.

1919년, 만세 운동을 앞두고
기옥은 송죽회 동지들과 함께
밤새 태극기를 만들고,
애국가 가사를 종이에 옮겨 적었어.

그리고 시위가 열리는 날 새벽,
이것들을 몰래 교회로 날랐지.
3월 1일 정오, 평양 시내 곳곳에서는
만세 시위가 일어났어.

기옥은 학교 동무들과 함께 시위에 참여했다가
일본 경찰에게 체포되어 여섯 주 동안이나 유치장에 갇혀
있었어. 하지만 풀려난 뒤 더 열성적으로 독립운동에
나섰지.

임시 정부가 수립되자 기옥은 독립운동 자금을 모으기 위한 활동을 시작해. 여학생들은 머리카락을 잘라 팔거나 어머니의 패물을 팔아 한 푼 두 푼 모은 돈을 임시 정부에 전달했어.

그해 가을, 평양에서는 다시 한 번 큰 규모의 만세 시위가 일어났어. 시위에 참여했던 기옥은 또 체포되어 혹독한 심문을 받고, 여섯 달 동안이나 감옥에 갇혀 있었어.

감옥에서 풀려난 기옥은 '평양청년회 여자전도대'를 만들었어. 겉으로는 기독교 전도를 내세웠지만, 독립운동을 하는 조직이었지. 기옥은 독립운동가 안경신과 장덕진에게 숨을 곳을 마련해 주고, 폭탄을 만들고 옮기는 일을 도왔어.

1920년 8월, 평남도청 폭파 작전은 대성공이었지만,
이를 계기로 일본 경찰은 권기옥을 더욱 엄하게
감시했어.

그러던 가운데 부모님이 체포되었다는 소식을 들은
기옥은 더는 조선에서 활동할 수 없다고 판단했어.
그래서 동지들과 함께 몰래 평양을 빠져나가
중국 상하이 임시 정부로 갔어.

이 무렵 임시 정부는 독립군 부대를 만들어 무장 투쟁을
준비하고 있었는데, 제1차 세계 대전을 겪으며 공군이
필요하다는 걸 절실히 느끼고 있었지.

때마침 기옥이 비행사가 되고 싶다는 뜻을 임시 정부에 전했어. 임시 정부의 추천서를 받은 기옥은 중국 윈난성 총사령관을 찾아갔어.

"비행사가 되어
 조선총독부를
 폭파하고 싶습니다."

이에 총사령관은 윈난 육군항공학교
교장에게 전할 편지 한 장을 건네주었어.
"남자도 비행기를 무서워하는데 여자가,
더구나 독립운동을 하기 위해 이 먼 곳까지
왔으니 입학을 허가해 주시오. 규정에
없더라도 받아 주시오."

1923년 말, 기옥은 윈난 육군항공학교 제1기 학생으로 입학했어. 여자는 받지 않는다는 학교의 규정까지 이겨낸 입학이었지.

이듬해 봄에는 비행사로서 자격이 있는지를 시험하는 비행 적성 검사를 치렀고, 처음으로 하늘을 날았어.

1925년, 정식 훈련을 마친
기옥은 드디어
혼자 비행을 하게 돼.

홀로 조종석에 앉은 기옥은 엔진에
시동을 걸고 활주로를 달린 뒤 조종간을
당겼어. 비행기가 경쾌하게 하늘로
날아오르자 이런 생각이 들었어.

'홀로 하늘을 나는 건
한없이 자유롭고 또
한없이 외롭다.'

기옥은 5분간의 비행을 마치고 착륙까지 완벽하게
해냈어. 첫 조선인 여성 비행사가 탄생하는 순간이었지.

이 소식은 나라 안팎으로 큰 화제였어. 일본 경찰의 눈에도 띌 수밖에 없었지. 심지어 일본이 보낸 암살자가 기옥을 찾아온 적도 있었어.

기옥은 단독 비행과 편대 비행,
활공 착륙, 낙하산 훈련을 받고
1925년 2월, 마침내
윈난 육군항공학교를 졸업했어.

기옥은 임시 정부로 돌아왔지만, 곧바로 비행 임무를
맡을 수는 없었어. 임시 정부가 아직 공군을 창설하지
않은 데다 비행기도 없었거든.

기옥은 우선 중국 공군이 되어 10여 년 동안 일본군과 싸우면서 의열단 학생을 모으고, 임시 정부 연락책으로도 활동했어. 그렇게 조선 독립군에 공군이 만들어지기를 기다리며 중국의 상하이, 항저우, 베이징, 난징, 몽골에서 7천여 시간을 비행했어.

1937년, 중일 전쟁이 시작된 뒤로 기옥은
임시 정부에 있는 독립운동가 자녀들에게
한글과 역사를 가르치는 일을 했어.
1940년대에 들어서는 임시 정부가 공군을
만드는 일에 적극적으로 참여했지.

그렇지만 독립군 공군 조종사로
독립 전쟁에 참가하는 꿈은 끝내 이루지 못해.
1945년 8월 15일, 조선이 해방을 맞았거든.

조국으로 돌아온 기옥은 대한민국 군대를 만드는
일에 참여했어. 일흔이 넘어서는 가진 재산을 모두
처분해 장학금을 만들었지. 그렇게 형편이 어려운
학생들을 도우며 여생을 보냈어.

독립군의 공군 조종사가
되겠다는 꿈은 이루지 못했지만,
꿈을 이루기 위해
거침없이 날아오른 삶이었어.

역사 이야기

빼앗긴 나라를 되찾기 위한
가장 치열한 독립운동,
독립 전쟁

세계 대전과 우리나라의 독립 전쟁

100여 년 전, 우리나라는 일본에게
나라를 빼앗기고 식민지가 되었어.
나라를 잃은 우리에게 가장 중요한 것은 독립이었지.
독립운동을 하는 방법에는 여러 가지가 있어.
거리로 나가 만세 운동을 하거나,
학교를 세워 우리 얼을 가르치거나,
기업을 만들어 독립운동 단체에 자금을 대거나,
노동자와 농민 같은 약자를 돕는 것도
모두 중요한 독립운동이었지.
그 가운데 독립 전쟁은 가장 적극적이고
치열한 독립운동의 길이었어.
세계 대전이라는 거대한 소용돌이 속에서
독립 전쟁에 참여한 이들은 목숨을 걸고
삶을 하얗게 불태웠단다.
지금부터 그 얘기를 해 줄게.

제국주의와 1920년대 독립 전쟁

제1차 세계 대전

20세기 초까지 힘센 나라가 강한 군사력을 바탕으로
약한 나라를 침략해 식민지로 만드는 일이 흔했어.
이를 '제국주의'라고 불러.
제국주의 나라들은 더 많은 식민지를
차지하기 위해 제1차 세계 대전을 벌였어.

유럽의 많은 나라가 이 전쟁에 참여했지.
전쟁을 치르고 난 유럽은 잿더미가 되었어.
1918년 제1차 세계 대전이 끝나자
자유와 평화를 원하는 사람이 늘어났어.
아시아에 있는 식민지 나라들도 독립을
외치기 시작했어. 우리나라도 마찬가지였지.

1920년대 우리나라 독립 전쟁

우리나라는 1919년 3·1운동을 벌이고,
뒤이어 중국 상하이에 대한민국 임시 정부를 세웠어.
비록 다른 나라에 세운 작은 정부였지만,
독립운동을 이끌 우리의 대표를 만든 거야.
대한민국 임시 정부를 중심으로
독립 전쟁도 활발히 이어졌어.
특히 한반도와 가까운 만주에 많은 독립군이 있었어.
이들은 일본을 상대로 전쟁을 벌였고,
봉오동 전투, 청산리 대첩을 승리로 이끌었어.

파시즘과 1930년대 독립 전쟁

제2차 세계 대전

1929년 전 세계에 경제 위기가 닥쳤어.
은행과 기업이 잇따라 문을 닫았고,
직장을 잃은 사람들은 거리로 쫓겨났어.
그야말로 대공황이 일어난 거야.
이때 전쟁을 벌여 경제 위기에서 벗어나려는
나라들이 있었어. 바로 이탈리아, 독일, 일본이었지.
게다가 이들 나라에서는 파시즘이 유행하고 있었어.
파시즘은 시민들의 자유를 빼앗고, 독단적으로 정치하는 것을 말해.
파시즘을 추종하는 나라들이 힘을 모아 전쟁을 일으켰어.
1939년 독일이 폴란드를 쳐들어갔고,
그렇게 제2차 세계 대전이 시작됐지.
많은 나라가 '연합국'이라는 이름으로 모여
그런 독일에 맞서 싸웠어. 일본은 1931년 만주를 침략하고,
1937년에는 중국과 전쟁을 일으켜.
1941년에는 태평양에서 미국과 전쟁을 이어갔지.
제2차 세계 대전은 1945년이 되어서야 끝이 났어.

1930년대 우리나라 독립 전쟁

우리 독립군도 싸움을 포기하지 않았어.
만주에서는 조선 혁명군, 한국 독립군,
동북 항일 연군이 크고 작은 전쟁을 버텨 냈어.
대한민국 임시 정부는 한국 광복군을 정비한 다음,
일본에 전쟁을 선언했지. 나라를 되찾기 위한
전쟁을 본격적으로 시작한 거야.
이는 우리나라 독립뿐 아니라 파시즘에 맞선
선언이라는 점에서 의미가 크다고 할 수 있어.

나라의 독립을 꿈꾼 젊은 비행사들

우리 공군을 만들기 위한 노력

독립 전쟁을 준비하던 대한민국 임시 정부에서
관심을 가진 것이 있는데, 바로 비행기야.
임시 정부는 비행기를 구하고,
비행사를 키우는 데 힘을 모았어.
그렇지만 그때 임시 정부는 사무실도 유지하기
힘들 만큼 어려워서 곧장 우리 공군을 만들지는 못했어.

대한인 비행가 양성소

그런 중에도 멀리 샌프란시스코에서는 비행사가 되어
나라의 독립에 힘을 보태려는 젊은이들이 있었어.
그들은 미국의 민간 비행학교에 입학해
비행 기술을 익혔지. 임시 정부의 군무총장이었던
노백린이 이를 알게 되었고, 이들과 함께
'대한인 비행가 양성소'를 세워.
이때 임시 정부 최초의 비행 장교가 생겼어.
임시 정부는 우리 정부만의 공군을 만들기 위해 애썼어.

중국군에 들어가 비행사로 활약하던 권기옥을 비롯한
서른 명의 항공 관련 한국인 전문가들로 공군을
꾸리려 했지만, 끝내 그 꿈을 이루지는 못했지.

우리나라 광복군의 활약

연합군과 손잡은 한국 광복군

1940년 9월에 한국 광복군이 만들어졌고, 1943년에는 연합군과 함께 공동 작전을 펼쳤어. 일본이 미얀마와 인도로 쳐들어가자, 인도를 식민지로 가지고 있던 영국이 일본군을 잘 알고 있는 광복군에게 도움을 요청한 거야. 광복군 대원들은 인도와 미얀마 국경에서 전투에 참여했어. 주로 일본군의 정보를 파악하는 첩보 업무를 했지. 영국군이 정글에서 일본군에게 둘러싸여 있을 때였어. 광복군이 무선 통신으로 일본군의 움직임을 알아낸 뒤, 영국군이 위험한 순간을

빠져나갈 수 있게 도왔어.
1945년 7월, 미얀마에서 일본이 완전히
물러날 때까지 광복군의 활약은 이어졌지.

미국과 함께했던 첩보 작전

1945년 8월, 광복군은 미국의 정보기관이었던
미국 전략 사무국과 손잡고 작전을 세웠어.

미국의 잠수함을 타고 한반도로 들어가
첩보 활동을 펼치려고 했지. 당시 작전의 훈련을
담당했던 미군의 사전트 대위는 광복군에 대해
'내가 본 가장 지적인 군사 집단'이라고 평가했다고 해.
물론 이 작전은 끝내 이뤄지지 못했어.
작전을 세우고 난 며칠 뒤
미국이 일본에 원자 폭탄을 두 차례 떨어뜨렸고,
더는 버틸 수 없었던 일본이 항복을 선언했거든.

독립의 발판을 마련했던 광복군의 활약
비록 우리나라 광복군이 일본군과
전면전을 펼치지는 못했지만
광복군의 활약이 가지는 의미는 생각보다 커.
우리나라의 독립을 국제적으로 보장받은 건
1943년에 있었던 카이로 회담 때야.
그런데 대한민국 임시 정부의 대일 선전 포고와
광복군의 활약이 없었다면 당시 카이로 회담에서
한국의 독립국 지위를 주장하기 어려웠을 거야.
광복군은 연합군의 일원으로 활동하며
우리나라 독립의 발판을 마련했어.

나라의 주권과 자유를 되찾기 위한 싸움
제2차 세계 대전 동안 일본군은 아시아에 있는
나라들의 땅을 빼앗으려 무던히 전쟁을 일으켰어.
많은 사람들이 자기 나라의 주권과
자유를 되찾기 위해 처절히 싸웠지.
어쩌면 세상은 강한 자들의 뜻대로
정해지는 것처럼 보일 수 있지만,
그럼에도 자기가 살고 싶은 삶을 포기하지 않고
꿋꿋이 걸어가는 게 중요해.
자유라는 건 남이 가져다주는 게 아니거든.
나라의 독립을 위해 자기 자리에서
애썼던 사람들처럼 말이야.

소곤소곤 뒷이야기

과학 기술의 두 얼굴

과학 기술은 우리 삶을 한층 편리하게 만들었어.
그렇다면 과학 기술이 전쟁에는 어떤 영향을 끼쳤을까?
불행하게도 짧은 시간 더 많은 사람을 해치는 데 쓰였어.
장거리 대포부터 탱크, 잠수함, 독가스, 기관총, 핵무기까지.
버튼 하나로 헤아릴 수 없이 많은 사람을
단번에 죽음으로 몰아넣을 수 있게 되었지.
과학 기술이 사람을 해칠 거라고 그 누가 상상이나 했겠어?
마찬가지로 사람이 처음 하늘을 나는 꿈을 꾸었을 때도,
최초의 비행기가 첫 비행을 했을 때도,
아마 비행기가 전쟁에 쓰이는 무기가 될 거라
생각한 이는 아무도 없었을 거야.
그러니까 우리는 늘 과학 기술이 어떻게 쓰이는지를 잘 살펴야 해.
어떻게 쓰느냐에 따라 세상에 이로울 수도,
해가 될 수도 있으니까.

역사 인물 돋보기: 독립+인권 02
한국 최초의 여성 비행사 권기옥

2025년 8월 7일 1판 1쇄 펴냄
글 신혜경, 한민혁 | 그림 김병하

편집 김누리, 김성재, 이정희, 임헌
디자인 박진희 | **제작** 심준엽
영업마케팅 심규완, 양병희, 윤민영 | **영업관리** 안명선
새사업부 조서연 | **경영지원실** 차수민
인쇄와 제본 (주)상지사 P&B

펴낸이 유문숙 | **펴낸 곳** (주)도서출판 보리 | **출판등록** 1991년 8월 6일 제9-279호
주소 (10881) 경기도 파주시 직지길 492
전화 031-955-3535 | **전송** 031-950-9501
누리집 www.boribook.com | **전자우편** bori@boribook.com

ⓒ 김병하, 신혜경, 한민혁, 2025

이 책의 내용을 쓰고자 할 때는, 저작권자와 출판사의 허락을 받아야 합니다.
잘못된 책은 바꾸어 드립니다.

값 9,000원

*보리는 나무 한 그루를 베어 낼 가치가 있는지 생각하며 책을 만듭니다.

ISBN 979-11-6314-425-0 (74910)
　　　979-11-6314-423-6 (세트)

제품명 도서 **제조자명** ㈜도서출판 보리 **주소** (10881) 경기도 파주시 직지길 492 **전화번호** (031) 955-3535
제조년월 2025년 8월 **제조국** 대한민국 **사용연령** 10세 이상 **주의사항** 책의 모서리가 날카로우니 다치지 않게 주의하세요.
KC 마크는 이 제품이 공통안전기준에 적합하였음을 의미합니다.